HISTOIRE ET DESCRIPTION

DE L'ÉGLISE DE

NOTRE-DAME-DE-BONSECOURS

DÉDIÉE

A M. l'Abbé Godefroy,

Curé de Blosseville-Bonsecours, Chanoine de l'Église
métropolitaine de Rouen,
Chevalier de la Légion-d'Honneur, etc.,

PAR L. PETIT,

Auteur de l'HISTOIRE DE LA CATHÉDRALE DE ROUEN,
de l'HISTOIRE DE SAINT OUEN, archevêque de Rouen;
de l'HISTOIRE INDUSTRIELLE ET COMMERCIALE
DE LA VILLE D'ELBEUF,
de la GÉOGRAPHIE STATISTIQUE DE LA FRANCE, etc.

DEUXIÈME ÉDITION.

PRIX : 60 CENTIMES.

ROUEN,
IMPRIMERIE DE GIROUX ET RENAUX,
Rue de l'Hôpital, 25.

1863

NOTRE-DAME-DE-BONSECOURS.

L'histoire de l'église de Bonsecours se perd dans la nuit des temps ; cependant, on pourrait assigner à son origine une date qui, quoique incertaine, paraît remonter aux premiers temps du christianisme dans notre contrée.

On sait que les Romains, pendant leur domination de près de cinq cents ans dans notre pays, avaient élevé des temples à leurs divinités, non-seulement dans les principales cités, mais encore dans les localités environnantes et sur les points culminants, de manière que ces édifices, qui étaient très-remarquables et fort brillants, semblaient dominer au loin la contrée et la protéger, du moins aux yeux du peuple. En cela ils avaient leur vue politique, pour maintenir les populations sous un joug dont ils voulaient dorer les chaînes, — ainsi que le prouvent leurs révoltes fréquentes, — et qu'ils voulaient endormir, dans un sommeil luxuriant, sous la protection de leurs divinités impuissantes, qui pourtant remplaçaient à leur tour celles d'un culte sanguinaire : celui du druidisme, qui, malgré eux, subsista longtemps encore dans ce pays, livré à toutes les horreurs d'une religion barbare, dont les prêtres étaient à la fois souverains, juges et exécuteurs.

Or, le plateau de Bonsecours ne pouvait être plus favorablement choisi par eux pour dominer au loin et sembler couvrir de leur protection une cité dont ils avaient fait, par rapport à sa position topographique, une de leurs principales stations dans la seconde Lyonnaise, sous le nom de Rothomagus, ancienne capitale des Vélocasses.

Selon toute apparence, ils durent élever un temple sur la côte de Bonsecours, et, ce qui paraît le prouver, c'est qu'en 1846, lorsqu'on voulut abaisser en plan assez incliné une vaste esplanade qui s'étendait en avant du portail de l'église actuelle, pour que sa façade pût être vue du bord opposé de la Seine, c'est-à-dire de la belle promenade du Grand-Cours, de Saint-Sever et de Sotteville, le rebord supérieur du plateau cachant la plus grande partie inférieure de l'édifice, on fit des tranchées de deux ou trois mètres de profondeur dans un sol argileux rempli de silex, et ne paraissant pas avoir été jamais remué ; mais à la surface, dans une couche de terre végétale de cinquante centimètres d'épaisseur, on trouva une masse considérable de tuiles romaines à rebord, stratifiées, la plupart brisées, mais en très-grands fragments. Du reste, nulle trace de substructions maçonnées, ce qui doit faire supposer que l'édifice devait être en bois.

La nature de ces tuiles, leur grand nombre et leurs dimensions démontrent que la construction qui avait existé en cet endroit n'était pas une habitation ordinaire dans une localité qui, probablement, n'existait pas encore, mais bien qu'elles étaient les débris d'un poste d'observation ou d'un temple romain, ce qui est plus probable, et ce qui, dans la suite, aurait donné lieu à la fondation d'une chapelle primitive, ainsi qu'on va le voir.

Lorsque les premières lueurs du christianisme commencèrent à briller dans notre pays pour éclairer les populations encore plongées dans les ténèbres de l'idolâtrie, saint Mellon, 2e évêque de Rouen, fut envoyé, en 260, dans notre contrée par le pape Adrien, pour y prêcher l'Evangile. Ce saint apôtre y constitua d'abord un corps d'église, fondement de l'église du diocèse. Son premier soin fut de renverser les idoles, d'en abattre les temples et d'élever sur leurs ruines des chapelles et des églises en l'honneur du vrai Dieu, de la Vierge et des saints martyrs, ce qu'il fit avec le plus grand zèle et sans éprouver d'opposition de la part des populations, qui accouraient en foule autour de lui pour entendre la prédication de la sublime doctrine.

C'est ainsi que saint Mellon éleva l'église de la Sainte-Trinité sur les ruines du temple de Roth, à Rouen; Saint-Etienne, où est aujourd'hui la cathédrale; Saint-Clément, dans une île de la Seine; Saint-Herbland succéda au temple de Diane; Saint-Godard au temple de Neptune, et Saint-Paul au temple d'Adonis, etc. Dans toute la contrée il répandit la divine morale.

Or, il n'est pas supposable de penser que ce saint ministre ait laissé subsister longtemps un temple païen à Bonsecours, aux portes de Rouen; il est au contraire permis de croire qu'il aura abattu l'idole et le temple qui s'y trouvait, ce qui expliquerait la présence des tuiles dont nous parlions plus haut, et qu'il aura élevé sur les ruines une chapelle, origine première de celles qui s'y sont succédé, et qui, plus tard, devinrent églises jusqu'à celle d'aujourd'hui.

Le lieu où les générations avaient coutume d'aller invoquer leurs idoles était en effet admirablement situé pour y faire briller au loin le signe de la Rédemption, la croix sainte qui devait protéger le pays qu'elle dominait à une distance considérable et que les premiers chrétiens pouvaient invoquer en y portant leurs regards.

Cette première chapelle fut sans doute placée sous l'invocation de la Sainte-Vierge par saint Mellon pendant son apostolat de 260 à 310, époque à laquelle il mourut, après cinquante ans de saintes prédications et après avoir converti et baptisé un très-grand nombre d'idolâtres ; son œuvre fut admirablement poursuivie par les évêques, ses successeurs, sous lesquels enfin tout le pays fut converti et les idoles entièrement détruites.

La modeste chapelle dont nous venons de voir l'origine probable aura dû être, quelque temps après sa fondation, le témoin de quelques grands miracles ou d'événements heureux arrivés par la puissante intercession de la Sainte-Vierge, ce qui aura rendu son temple un lieu célèbre de pèlerinage dans tout le pays ; et le village de Blôville, ainsi qu'il se nommait dans l'origine et dont plus tard on a fait Blosseville, nom auquel on a ajouté celui de Bonsecours, ce village, disons-nous, se sera formé des maisons qui seront venues successivement se grouper autour du saint lieu qui attirait de toutes parts une grande affluence de pèlerins qui y venaient implorer la divine protection de Marie, qu'on n'invoque jamais en vain quand on a un cœur pur et une foi vive.

Depuis l'époque de sa fondation jusqu'à 912, la chapelle de Blôville aura dû éprouver bien des vicissitudes : d'abord pendant les guerres civiles qui ensanglantèrent la France sous les rois mérovingiens, puis elle aura dû être aussi plusieurs fois détruite lors des ravages des Normands, qui durèrent deux cents ans, pendant lesquels ils s'acharnaient avec un vandalisme sauvage à détruire tous les saints lieux, ainsi qu'ils le firent à Rouen en 845, lorsqu'ils se rendirent maîtres de cette ville, qu'ils réduisirent presque entièrement en cendres, après l'avoir dépouillée de toutes ses richesses.

Plusieurs fois relevée de ses ruines par la piété des habitants, la chapelle de Blôville, comme les autres monuments religieux du pays, n'aura dû jouir du repos que lorsque Rollon, en 912, se fut rendu maître de la contrée, où il s'appliqua à faire régner la justice, à relever les temples, à en édifier partout de nouveaux, enfin où il chercha par tous les moyens à réparer les maux qu'il avait fait endurer à ce malheureux pays, dont il devint un zélé et puissant protecteur, après sa conversion et son baptême par Francon.

La chapelle de Blôville, relevée de ses ruines et jouissant de la protection des ducs normands, dut voir venir à elle, chaque jour, les chrétiens de tous points d'un pays pacifié, pour demander à la Reine des cieux son appui, ou pour chercher un soulagement à leurs maux, dans un temple où elle avait plus particulièrement manifesté sa puissance et où elle se plaisait à être invoquée comme la toute-puissante protectrice des affligés.

Ce saint lieu reçut alors, comme à toutes les

époques, des preuves de la piété et de la reconnaissance des fidèles en faveur desquels la divine Marie avait opéré des miracles, et dont la bonté avait protégé et exaucé ceux qui l'avaient invoquée avec une foi vive. La chapelle de Blôville reçut donc, en témoignage de remercîments et d'actions de grâce, des legs, des donations et une multitude d'*ex-voto*, comme preuve de la piété de ceux qui les offraient.

Le premier titre authentique où il soit question de la chapelle de Blôville est un acte de 1205, à propos de la donation de cette chapelle aux religieux du prieuré de Saint-Lô, à Rouen, par Gaultier le Magnifique, archevêque de Rouen. Dans le cartulaire du prieuré de Cressy, qui dépendait de celui de Saint-Lô, de Rouen, se trouve la transcription, par *vidimus*, des lettres confirmatives du don fait de plusieurs églises en faveur des religieux du prieuré de Saint-Lô par ce prélat. Au nombre de ces églises figurent celle du Mesnil-Esnard et la chapelle de Blôville avec toutes leurs dépendances, terres, dîmes et appartenances.

Un autre acte datant de 1301, aussi au même cartulaire de Cressy, relate l'acte de donation ci-dessus. De ces actes il résulte qu'à cette époque de 1205, le monument religieux de Blôville n'avait encore que le titre de chapelle, qu'elle possédait des biens et des terres, etc., et que, des mains des archevêques de Rouen à qui elle appartenait, elle devint la propriété des religieux de Saint-Lô, de Rouen.

Ce fut peu de temps après la donation dont il vient d'être parlé, que l'antique chapelle de Blôville, qui probablement tombait en ruines, fut remplacée par l'église qui précéda la magnifique basilique actuelle, car il existe également dans les archives du monastère de Sainte-Catherine, à l'occasion d'un procès entre les religieux de Saint-Lô, de Rouen, et les Chartreux, relativement à des pâtures situées sur la côte Sainte-Catherine, avec copies des pièces ci-dessus et d'autres y relatives, la copie d'un autre *vidimus* fait en 1628, par le vicomte de Rouen, d'un acte de 1382, confirmant les patronages des églises du Mesnil-Esnard et de Notre-Dame-de-Bonsecours, à Blôville, émané de Robert d'Enneval ; ce chevalier, sire de Pavilly, qui reconnaît que son oncle, Robert d'Enneval, aussi jadis sire de Pavilly, quitta et confirma aux religieux du prieuré de Saint-Lô, de Rouen, l'église de Blôville et l'église du Mesnil-Esnard en leur appartenance, tant par don que par achat.

On voit, par cette pièce, qu'à la date de 1382, la chapelle de Blôville était devenue une église, et qu'à cette époque, comme en 1628, trois siècles après, tout en appartenant toujours aux religieux de Saint-Lô, elle était placée sous le patronage des seigneurs de Pavilly.

En effet, cette église paraissait bien dater de la moitié ou de la fin du XIIIe siècle, mais le portail en était évidemment plus moderne ; les ceps de vigne, les guirlandes et autres ornements à jour caractérisaient l'architecture des XIVe et XVe siècles. La tradition ni aucune pièce authentique ne nous ont rien laissé relativement à ces constructions postérieures à la fondation de l'église. Quoi qu'il en soit, bien des siècles ont passé durant lesquels des milliers de pèlerins, attirés de tous les points de la Normandie et de beaucoup d'autres lieux, sont venus s'agenouiller sur les dalles de la modeste église, pour implorer la mère des affligés et lui demander la guérison de l'âme et du corps, qu'elle ne manque jamais d'accorder à ceux qui l'invoquent avec une sainte ferveur. Les générations se sont succédé, et toutes ont prouvé leur foi pour cette toute-puissante protectrice ; les nombreux *ex-voto* laissés à toutes les époques dans le sanctuaire vénéré, témoignaient pour la plupart de l'efficacité de leurs prières et de la confiance inébranlable de ceux qui s'adressaient à elle, comme la sainte patronne de l'autel privilégié au pied duquel ils déposaient leurs vœux et leurs souffrances.

L'ancienne église de Notre-Dame-de-Bonsecours ne frappait le regard ni par l'aspect d'un extérieur imposant, ni par le luxe de ses ornements, si ce n'est ceux du portail, dont nous avons parlé, et qui encore étaient fort dégradés par le temps. Outre les nombreux *ex-voto* de toute nature dont l'intérieur était rempli, et qui, suspendus aux colonnes et aux murailles, consistaient, pour la plupart, en petits navires en miniature, en épées, béquilles, bouquets, portraits, cœurs d'or ou d'argent, etc., offerts à la divine mère du Christ par des marins, des soldats, de jeunes vierges, des mères et des petits enfants, on voyait encore un grand nombre d'inscriptions, dont quelques-unes se trouvaient près des tombeaux de plusieurs bienfaiteurs du monument religieux qui y avaient été inhumés. Nous citerons seulement les suivantes. Dans le chœur on lisait :

> Ci-gist maistre Paul Lallemand,
> Curé discret, humble et savant,
> Qui, favori des destinées,
> Gouverna par cinquante années,
> La paroisse de ce saint lieu,
> En l'amour et la crainte de Dieu.
> Vous donc, ô sacrée Marie,
> Qu'il a dévotement servie
> Jusqu'à la fin de ses jours,
> Prêtez-lui votre bon secours.

Sur un tableau fermant à clef était écrit :
« Honneste femme Germaine Durieu, veuve

de son honorable homme Pierre His, vivant marchand et bourgeois de Rouen, demeurant en la paroisse de Saint-Maclou, a fondé par chacun an, à perpétuité, plusieurs messes et autres prières, comme il est porté au contrat en date du 15 août 1649, et a été, par la même fondatrice, donné et aumôné au trésor de cette église, la moitié d'une maison scyse en la paroisse de Saint-Maclou, par contrat comme dessus. »

Et à côté était écrit :

« Honnête fille Marie Durieu, demeurant en la paroisse de Saint-Maclou, de Rouen, a fondé par chacun an, à perpétuité, en cette église, plusieurs prières et services; a été, par la même fondatrice, donné au trésor de cette église, l'autre moitié de ladite maison, par contrat du même jour et an. »

Plus loin, sur un des bas côtés, on voyait cette inscription :

« Honorable homme Nicolas Bertin, bourgeois de Rouen, et Jeanne Loquet, sa femme, ont fondé à perpétuité, en cette église, la première messe qu'on y célèbre par chaque dimanche de l'année, et autres prières, par contrat du 6 juin 1622. »

En la chapelle de Saint-Nicolas, au bas d'un tableau de la sainte Vierge, était écrit :

> Baulent connaissant le soucy
> Qu'embrasse la vierge Marie,

> Pour celui qui toujours la prie,
> A fait mettre ce banc icy.

Ce banc occupait un côté de ladite chapelle. Au bas d'une vitre de la nef, on lisait :

> Prie ton fils, Vierge bénigne,
> Que nous allons tous exhortant ;
> Que bientôt sa bonté divine
> Eclaircisse ce mourme temps.

Cette vitre a été donnée par Guillaume Le Mourme, où étaient représentés trois saint Guillaume.

Ce serait vraiment une histoire des plus intéressantes que celle qui donnerait la relation de tous les miracles qui ont été opérés, à toutes les époques, par la bienveillante protection de la mère du Sauveur ; il serait aussi curieux de connaître toutes les pieuses donations qui, dans l'espace de plusieurs siècles, ont été faites à cette église privilégiée de Marie, par les personnes qui ont plus particulièrement éprouvé ses bienfaits. Sans doute la liste en serait longue, mais ce livre serait des plus édifiants et procurerait aux lecteurs de douces consolations, grâce à cette foule non interrompue de miracles et aux témoignages de reconnaissance de ceux en faveur de qui ils ont été opérés. Nous regrettons vivement que cet opuscule ne nous permette pas d'en consigner ici quelques-uns pour l'édification des chrétiens et la gloire de Marie ; cependant le lecteur pourra trouver beaucoup d'intérêt à connaître deux de ces miracles qui sont écrits assez longuement par E^me Elisa Franck, dans la *Revue de Rouen*, année 1846, l'un page 70 et l'autre page 139. Le même ouvrage contient également une vue fort bien dessinée, représentant l'intérieur de l'ancienne église de Notre-Dame-de-Bonsecours.

De tout temps, il a existé à cette église plusieurs confréries, dont quelques-unes jouirent d'une certaine célébrité religieuse : l'une d'elles, la confrérie des sergents-huissiers du Parlement, y avait été instituée et y tenait chaque dimanche ses réunions dans une chapelle, où on voyait encore, jusqu'à la révolution, l'image de saint Louis, leur patron ; mais depuis le siége de Rouen, en 1632, la confrérie fut transférée à l'église Saint-Ouen.

L'antique et primitive chapelle de Notre-Dame-de-Bonsecours, élevée à une époque où la foi n'était pas stérile et où elle se traduisait en monuments destinés à en perpétuer les saintes inspirations, a disparu après avoir été, pendant des siècles, l'objet de la vénération de nos ancêtres. L'église qui l'a remplacée n'existe plus, et, après avoir reçu les prières ferventes de plusieurs générations, sur elle et près d'elle s'est élevé le plus magnifique temple chrétien qui, dans ces temps modernes, ait été élevé à la gloire de la Sainte-Vierge. Ce n'est pas du moins une main barbare qui a détruit le vieux monument ; c'est une grande et noble pensée, une foi éclairée, un zèle et un dévoûment persévérant et sans bornes du vénérable ecclésiastique qui a conçu et exécuté le sublime projet d'élever à Marie la superbe basilique actuelle sur les ruines du temple qui s'écroulait de toutes parts, et le nom de M. l'abbé Godefroy, gravé dans l'histoire, passera à la postérité à travers les siècles, comme le monument qu'il a fondé.

L'ancienne église a donc disparu, et, avec elle, cette foule nombreuse d'*ex-voto* qui y furent accumulés pendant des siècles. Bien qu'un grand nombre d'entre eux fussent souvent d'une insignifiance complète pour le simple visiteur, il en était quelques-uns qui, par leur laconisme, leur style naïf ou prolixe, devaient fournir matière aux méditations des chrétiens. D'ailleurs, chacune de ces prières ou actions de grâces, confiée au marbre, à l'airain ou à la soie, n'était-elle pas une page de la vie humaine, offrant tour à tour l'expression humble ou exaltée d'une souffrance, d'une crainte ou le *Te Deum* d'une sainte joie ?

Ici, une longue inscription rappelait les dangers sans nombre qui avaient menacé la vie d'un pauvre soldat, et auxquels il avait toujours échappé, grâce à la puissante intervention de la bienheureuse Notre-Dame. Là, se balançait le navire en miniature, œuvre plus ou moins artistement travaillée, du naïf matelot qui, de bien loin, était venu le suspendre à la voûte du saint lieu, en souvenir du miracle qui l'avait arraché sain et sauf aux sombres abîmes sans fond de l'Océan, agité par une tempête furieuse ; plus loin, des béquilles, des armes, des fleurs desséchées, disaient la guérison d'un infirme, le triomphe d'un guerrier, les vœux accomplis d'un amant ou d'une amante. Mais ce qui frappait surtout les regards, c'étaient les offrandes des bonnes et pieuses mères de famille; pas un autel, pas un pilier qui ne présentât quelques-unes de ces touchantes paroles qui s'élancent du cœur de la femme à qui Dieu rend son enfant, et si parfois le style naïf était de nature à faire sourire le visiteur oisif, superficiel, l'observateur doué de nobles sentiments y trouvait toujours de ces mots qui révèlent l'âme tout entière. Depuis la narration détaillée d'une infortune ou d'une maladie jusqu'à cette phrase simple et admirable : « J'ai prié pour mon fils et j'ai été exaucée ! » tout s'y trouvait réuni.

Quelques noms glorieux et historiques figuraient aussi dans cette nombreuse galerie de témoignages sincères, mais, comme les plus humbles, ils sont enlevés aux recherches des curieux et des amateurs depuis que l'antique église a cédé la place à l'une des plus belles inspirations architecturales de notre époque. Des mille *ex-voto* qui recouvraient les murailles et les piliers de l'ancien temple, un petit nombre seulement ont été replacés dans la nouvelle église; encore n'a-t-on conservé que les plus modernes, consistant, pour la plupart, en cadres ou en tablettes de marbre offrant simplement un nom et une date. Les autres ont disparu dans les décombres des vieux murs, ou sont relégués dans un endroit du presbytère, d'où il est peu probable qu'on les exhume jamais.

Avant d'entrer dans les détails historiques et descriptifs de ce superbe monument, jetons un instant nos regards sur la magnifique position qu'il occupe, sur sa topographie particulière et toute exceptionnelle.

Rouen est assis au pied d'une madone qui, du sommet de la montagne bénie, semble, depuis des siècles, veiller sur l'antique capitale de la Normandie. Aussi les marins, après un long et périlleux voyage, les pèlerins venus de fort loin et les habitants de la contrée saluent-ils, à de grandes distances et avec amour, la bonne Notre-Dame-de-Bonsecours, dont le front touche aux nues et dont les pieds s'appuient sur une terre riche en souvenirs religieux, et qui, son enfant dans ses bras, accueille avec un céleste sourire ses autres enfants, qui viennent près d'elle chercher les consolations et le bonheur qui font la joie des vrais chrétiens. Quel est le touriste, le poète, le peintre, le pieux voyageur, le rude matelot, l'homme infirme ou la mère désolée qui ne connaisse son doux nom ?

La colline de Bonsecours réunit tout ce qui peut émouvoir l'âme et charmer le regard. On ne peut la gravir sans se retourner bien des fois pour admirer la magnifique et riche perspective qui se déroule à sa base : notre industrieuse et opulente cité sortant des brumes grises avec ses milliers de toits bizarrement rassemblés, ses tours et ses clochers de dentelle, ses navires pavoisés s'échelonnant le long de son beau fleuve et sa verdoyante ceinture de boulevards qui en dessinent gracieusement la vaste enceinte intérieure. Puis lorsqu'on reprend son ascension vers le sommet consacré, élevé de 150 mètres au-dessus de la plaine, on se sent pénétré de je ne sais quel parfum de religieuse poésie, qui enivre doucement et calme les mouvements tumultueux du cœur agité par les mille petites passions humaines et les embarras de cette vallée de misères et de larmes.

Arrivé au sommet du coteau, le panorama magnifique qui se déroule devant l'église de Bonsecours est le plus majestueux qui existe sur les rives de la Seine ; et, en effet, il serait impossible de trouver un site plus grandiose et plus magnifique à la fois que celui-ci. Quoi de comparable aux méandres de ce beau fleuve, auquel la clarté du soleil prête, en été surtout, l'aspect d'un long ruban d'argent déroulé sur un immense tapis de velours vert? Quelle capricieuse fantaisie de paysagiste supporterait une comparaison pour la richesse de cette fraîche nature de Normandie, au milieu des belles plaines de laquelle serpentent ces voies rapides qui unissent les peuples, facilitent et multiplient leurs relations, et qui même conduisent les pèlerins sous la montagne sacrée sur laquelle s'élève le temple vénéré ! Quels coteaux des bords de l'Adriatique sont enfin plus heureusement coupés que la jolie chaîne de nos collines onduleuses, sur la crête de l'une desquelles se dressent encore les derniers vestiges du château célèbre de Robert-le-Diable ?

Mais détournons nos regards de ce sublime point de vue, de cette magnifique vallée; oublions, pour un instant du moins, les beautés de cette belle nature pour nous incliner devant le temple de la Reine des cieux.

En 1838, un nouveau curé, M. l'abbé Godefroy, fut désigné comme ministre de la paroisse de Bonsecours et chargé, à ce titre, du soin de l'église antique et vénérée. Ce pasteur trouva, en arrivant, le saint édifice rempli de témoignages de la reconnaissance des milliers de pèlerins qui, depuis des siècles, y viennent chaque année : mais les murailles étaient lézardées et en mauvais état, les voûtes étaient crevassées, en un mot, l'état de vétusté dans lequel se trouvait, en général, le temple miraculeux de la Vierge, laissait peu d'espoir d'y opérer une réparation convenable. Ce lieu, d'abord, n'était plus en rapport avec le nombre des fidèles qui s'y réunissent parfois dans l'année au nombre de plusieurs mille, surtout aux fêtes de Pâques et au mois d'août.

Ce fut alors que le digne ecclésiastique conçut le projet de construire une autre église, non pas un temple ordinaire, mais un monument — chef-d'œuvre de l'art — qui fût en rapport avec sa destination. C'est ici que le nouveau pasteur allait révéler à la France ce que pouvaient une foi vive, un dévoûment sans bornes et une sainte persévérance. Un architecte habile, M. Eugène Barthélemy, de Rouen, joignant à une foi éclairée un noble désintéressement, voulut bien s'associer à la sublime pensée du prêtre et l'aider de ses recherches et de ses lumières.

Bientôt fut dressé le plan d'un édifice inspiré des chefs-d'œuvre du XIIIe siècle, mais il fallait pour son édification de l'argent et beaucoup d'argent. Cette noble entreprise reposait uniquement sur l'espoir des dons publics, réclamait d'immenses ressources et le concours généreux d'un très-grand nombre de personnes ; mais à la nouvelle d'une belle et vaste église élevée par charité, les cœurs furent émus, et la résolution prise de quêter, non-seulement dans le diocèse et les pays voisins, mais encore dans une grande partie de la France, ne tarda pas à porter son fruit. Le bon pasteur donna le premier l'exemple des libéralités et a ensuite invoqué avec le plus grand succès celles des fidèles qui ont concouru avec lui à élever cette pieuse basilique, qui est à la fois un chef-d'œuvre de l'art architectural et une preuve de ce que peut la foi unie à la persévérance.

Alors arrivèrent de toutes parts les pieux secours à ceux qui, travaillant pour Dieu, mettent en lui toute leur confiance. Tout ce que la France a de plus auguste et de plus noble se plut à accueillir cette œuvre naissante. Des têtes couronnées envoyèrent leur offrande ; des prélats, des pairs de France, des députés, des généraux d'armée et des amiraux inscrivirent leur nom sur un livre de souscription qui, précieusement conservé dans les archives de la miraculeuse église, sera un monument authentique de la charité et de la foi de notre époque, car si le riche bienfaiteur y a tracé sa ligne, le pauvre aussi a été heureux d'y consigner sa modeste aumône, de sorte qu'on peut dire avec une sainte consolation que, depuis le palais jusqu'à la chaumière, toutes les portes ont été ouvertes à cette œuvre, fruit d'une religieuse et noble pensée qui a trouvé des milliers d'échos dans les âmes pieuses, illuminées de l'amour du beau. L'exécution de cette œuvre fut alors confiée à un de ces hommes de génie qui savent traduire, par un monument durable et sublime, toute inspiration grandiose, et une œuvre enfin qui résume l'élégante et mâle architecture du gothique primordial du XIIIe siècle.

Ce monument est venu protester éloquemment contre le dire de certains esprits fâcheux, hostiles à toute belle entreprise contemporaine, qui affirment qu'on ne peut plus, au XIXe siècle, bâtir d'église comme celles que virent s'élever le moyen âge et la renaissance. Non-seulement la nouvelle église de Notre-Dame-de-Bonsecours offre dans toutes ses parties une riche et savante ornementation, mais les détails en sont tous dignes des modèles précieux où s'est inspiré l'architecte habile et plein de talent. Trop longtemps enseveli sous de froides cendres, le feu sacré, se ravivant tout-à-coup, a brillé inopinément à nos yeux charmés. La foi de saint Louis, se réveillant au milieu du XIXe siècle, a élevé à la bienheureuse Notre-Dame-de-Bonsecours une basilique telle que le saint roi les aimait, et telle que de son temps on savait les faire.

La première pierre de la nouvelle basilique fut solennellement posée et bénite le 4 mai 1840 par Mgr le cardinal, prince de Croy, archevêque de Rouen, assisté de la réunion la plus heureuse de toutes les autorités civiles et militaires des divers ordres, et au milieu d'un concours immense de fidèles, de membres des sociétés savantes et d'une foule de personnages distingués. Sous cette première pierre fut placée une boîte en plomb renfermant les diverses monnaies d'or, d'argent et de cuivre au millésime de 1840 et une plaque en cuivre, pour perpétuer le souvenir de cette cérémonie par l'inscription qui s'y trouve gravée.

Pendant que chaque personne invitée scellait la pierre sur laquelle reposait tant d'espérances et qui était chargée de tant de vœux, des fleurs nouvelles étaient distribuées en signe de fête et de reconnaissance. La joie brillait sur tous les visages, chacun était heureux dans la pensée du monument qui allait s'élever ; puis le chant du *Te Deum*, accompagné par cinquante musiciens, terminait cette pieuse cérémonie. Quel beau jour ce dut être pour le vénérable ecclésiastique qui avait conçu la pensée de ce beau monument et qui voyait se réaliser son désir le plus ardent, celui d'élever à Marie un temple digne de sa souveraine majesté !

Avec quelle joie les chrétiens ont vu cette nouvelle église s'agrandir, s'étendre, s'avancer et s'élever, couvrir l'ancienne, qui a disparu peu à peu comme l'astre de la nuit s'éclipse au matin devant l'astre plus éclatant du jour ! Quel bonheur indicible s'est emparé de l'âme des vrais serviteurs de Dieu et de Marie en voyant surgir de terre ces blanches murailles, s'élever ces élégants piliers, se projeter ces contre-forts, se courber ces arcs-boutants, s'arrondir cette voûte qu'une tour hardie couronne, se coordonner ces galeries superposées qui forment au monument une riche et double ceinture, s'élancer ces aiguilles légères et gracieuses, ces hautes fenêtres du rond-point sur lesquelles resplendissent aujourd'hui l'or, l'azur et l'écarlate ! Oui, c'est bien là le xiiie siècle, le siècle de saint Louis, celui de la foi vive et des belles églises ; on s'y sent transporté en la voyant, et on y respire l'air et les croyances de ce temps de véritable piété.

Deux ans après la bénédiction et la pose de la première pierre, on célébrait avec la plus grande pompe religieuse la première messe dans le nouveau chœur, le jour de l'Assomption de la Vierge, le 15 août 1842. Puis, sur la demande de M. le curé de Bonsecours, le conseil municipal ayant, le 29 août suivant, autorisé la démolition de l'ancienne église, dès le même jour le coq fut descendu, comme pour donner un commencement d'exécution à cet arrêté.

La masse totale du monument a été exécutée en quatre ans ; mais le travail complet, qui a coûté plus d'un million, n'a été terminé entièrement pour les peintures et les sculptures qu'en 1856, c'est-à-dire seize ans après sa fondation.

STYLE. — Le style de l'édifice est l'ogival primitif à lancettes, époque la plus pure et la plus saisissante du XIIIe siècle ; sa coupe est celle des anciennes basiliques ; on la trouve remarquable par l'élégance de ses formes, par l'heureuse harmonie de ses lignes, par la sage et savante distribution des ornements et surtout par le mérite si rare et si précieux de la parfaite unité qui règne dans tout son ensemble, unité qui ne se rencontre que fort rarement dans les constructions anciennes du même genre. En effet, qu'on s'éloigne à quelque distance de l'édifice, et l'œil sera saisi de l'harmonie que présente sa masse ; les clochetons qui accompagnent la tour au milieu sont étagés dans une proportion parfaite, de manière à former une élégante pyramide toute brodée et dentelée qui s'élève vers le ciel comme le symbole matériel des pieuses inspirations qui y montent chaque jour avec les chants du prêtre, les parfums de l'encens et les prières ferventes des cœurs pleins de foi. En un mot, à l'aspect de ce monument à la fois sévère et gracieux, on sent que l'artiste qui l'a conçu et qui en a dirigé l'exécution y a mis toute la science de son esprit, toute la poésie de son âme pour doter notre pays d'un chef-d'œuvre édifié par la piété et les arts.

Toute la construction est en pierre de taille du plus beau choix. Cinq portes donnent entrée dans cette église : trois au grand portail et deux sur les côtés. Le portail est surmonté d'une tour composée d'un corps carré et d'une flèche pyramidale à huit pans, couronnée d'une croix brillante et entourée à sa base de quatre pyramides à jour. La tour est accompagnée de deux tourelles qui renferment les escaliers et qui, au moyen de contre-forts avec galeries à jour, sont heureusement reliées avec les grosses pyramides des angles.

Les portes sont couvertes d'un triple rang de ferrures dont les dessins sont inspirés de ceux de la cathédrale de Paris. Un perron de trois marches donne entrée à l'édifice, qui forme le centre d'un vaste hémicycle de 20 kilomètres de rayon, ce qui permet de le voir de fort loin, à cause de sa position élevée ; du sommet de sa flèche, par un temps serein, on aperçoit la mer à plus de 60 kilomètres de distance.

La tour. — La tour qui surmonte le portail présente un corps carré dans les galeries duquel ont été placés les quatres évangélistes ; sa base est accompagnée de deux tourelles reliées aux pyramides des angles à l'aide de contre-forts à galerie à jour ; sur son entablement, entouré d'une balustrade légère, repose une flèche aiguë dont la partie inférieure est flanquée d'un faisceau de tourillons qui lui prête de la grâce. La statue en pied de la Vierge, qui a été donnée par Mme la comtesse de Montmorency-Luxembourg, domine le pignon du milieu. Plus bas, dans le tympan principal, dû à la générosité de M. Baudon, ancien receveur général et régent de la Banque de France, nous retrouvons la mère du Christ assise sur un trône entre deux anges balançant leurs encensoirs ; la Vierge tient l'enfant Jésus, qui d'une main supporte le monde et de l'autre le bénit. Un peu au-dessous de ce sujet, l'artiste a ingénieusement placé une heureuse allusion aux pèlerinages quotidiens qui ont lieu à Notre-Dame-de-Bonsecours ; il a représenté un temple vers les portes duquel s'acheminent deux processions suivies de tous les infirmes et affligés qui viennent demander à Marie le soulagement de leurs maux.

CLOCHES. — C'est le dimanche 17 août 1862 que Mgr de Bonnechose, archevêque de Rouen, a procédé à la bénédiction solennelle des trois cloches qui garnissent le clocher.

PORTAIL. — Cinq voussures ombragent et protégent le tympan principal : trois sont garnies de feuilles d'ornement, les deux autres sont ornées de statuettes représentant les principaux motifs de l'Ancien et du nouveau Testament, qui ont été symbolisés d'après le texte de l'Ecriture par des figures bibliques. Toutes ces statuettes, abritées chacune par un dais, forment la partie de l'ornementation du portail sur laquelle l'artiste semble avoir plus particulièrement apporté tous ses soins. La voussure du centre est consacrée aux douze apôtres, et la plus haute aux patriarches et aux prophètes qui ont plus spécialement figuré ou annoncé la Sainte-Vierge, avec les attributs qui font reconnaître chacun d'eux.

Noé, tenant l'arche, représente J.-C. bâtissant son Eglise. — *Jacob*, portant l'échelle du songe mystérieux, rappelle la présence réelle du Sauveur dans les temples chrétiens. — *Moïse* et le buisson ardent servent d'emblème à la virginité de Marie. — *David* jouant de la harpe figure la race de Jessé, dont est issue la Sainte-Vierge. — *Isaïe* tenant à la main une verge fleurie, est une allusion à celle de ses prophéties sur la génération humaine de J.-C. — *Jérémie* pleurant les infidélités de son peuple et les malheurs de Jérusalem, rappelle les douleurs de la Sainte-Vierge sur le Calvaire. — *Daniel*, porteur d'un phylactère avec cette inscription LXX *hebdomades*, figure comme étant le prophète qui a indiqué l'époque de la venue du Messie. — *Zacharie*, portant aussi un phylactère : XXX *argenteos*, indique la somme qu'il avait précisée comme devant être donnée à Judas pour trahir son divin maître. — *Ezéchiel*, tenant une porte, la virginité de Marie. — *Jonas* et la baleine sont une heureuse image de la résurrection démontrée aux Juifs par le Christ. — *Michée* avec un phylactère : *tu Bethleem*, avait désigné plusieurs siècles d'avance le lieu qui devait servir de berceau au fils de l'homme. — *Aggée* avec un phylactère : *veniet desideratus*, annonce la fin de l'idolâtrie à la venue de J.-C. — *Joël*, tourné vers le soleil et la lune, prédit en consultant ces deux astres, les signes terribles et précurseurs du jugement dernier. — *Malachie*, élevant un calice et une hostie, rappelle le sacrifice eucharistique qu'il a prophétisé d'une manière saisissante.

Cette admirable composition, qui n'a été entièrement terminée qu'en 1856, est l'œuvre consciencieuse d'un statuaire éclairé de Paris, M. Duseigneur, qui a fait une étude approfondie de la sculpture religieuse du moyen âge.

Cette magnifique composition est complétée par les neuf chœurs des anges qui environnent le trône de leur reine et achèvent de l'enrichir.

La première hiérarchie, formée par la phalange des *Chérubins* ayant six ailes semées d'yeux, symbole de clairvoyance ; des *Séraphins*, avec des ailes et des flammes, et des *Trônes* portés sur une roue, est placée au-dessus de la Sainte-Vierge et occupe le point de jonction des trois voussures garnies de feuilles.

La deuxième hiérarchie, qui comprend les *Dominations* tenant le sceptre, les *Principautés* portant une couronne et les *Puissances* armées d'un glaive, se trouve à droite, à la naissance des mêmes voussures.

Enfin la troisième hiérarchie, comprenant les *Vertus* ayant des étoiles dans les mains, les *Archanges* portant le bâton d'envoyé, en leur qualité de messagers de Dieu, et les *Anges* balançant des encensoirs, se trouve à gauche, aussi à la naissance des voussures.

Les deux petites portes sont surmontées aussi d'un tympan : celui de la porte à droite représente l'éducation de la Vierge; le pignon élevé au-dessus supporte la statue de saint Joachim. Le tympan de la porte à gauche représente le mariage de la Vierge; il est surmonté de la statue de saint Joseph, donnée par le séminaire de Saint-Nicolas de Paris. De même que celles de la porte principale, les trois voussures qui encadrent ces tympans sont entièrement garnies de feuilles d'ornement et s'appuient sur des colonnettes détachées, du milieu desquelles surgit un rang de feuilles fleuronnées du plus heureux effet.

Les ornements qui encadrent ces sujets nous rappellent ceux de la porte du grand portail de la cathédrale de Rouen, à laquelle ils paraissent avoir été empruntés.

Intérieur. — L'intérieur de l'église offre une

nef principale et deux bas-côtés ; vingt colonnes, accompagnées chacune de quatre colonnettes engagées d'un tiers dans le fût principal, soutiennent une voûte en pierre. Couronnées de chapiteaux richement sculptés, ces colonnes, grâce à leur forme svelte, permettent à l'œil de pénétrer aisément dans toutes les parties de l'édifice. La voûte, coupée symétriquement par des nervures, est ornée, à leur intersection, de rosaces sculptées d'un dessin varié et qui sont d'un bel effet.

Le chœur, composé de trois travées et fermé par une grille gothique, est garni de deux rangs de stalles, et possède de chaque côté deux petits ambons d'où l'on chante l'Épître et l'Évangile.

Le sanctuaire à cinq pans, élevé de trois marches au-dessus du chœur, est orné, dans la partie comprise entre le pavage et la naissance des grandes fenêtres, de quinze ogives ménagées en partie dans l'épaisseur du mur et surmontées chacune d'un pignon. Elles sont décorées de peintures qui rehaussent l'éclat du sanctuaire et en font la partie la plus apparente de l'édifice par ses ornements, comme elle est aussi la plus noble par sa destination. Dans ces peintures, que nous expliquerons plus loin, on a rappelé ce qui a trait à l'adorable sacrifice, soit dans l'Ancien, soit dans le Nouveau Testament.

Dans le compartiment près de l'autel, du côté

de l'Epître, est une piscine richement sculptée, destinée à recevoir les purifications et les vases sacrés. Du côté de l'Evangile, dans le compartiment qui avoisine l'autel, l'ogive du milieu est destinée à recevoir la croix processionnale.

Le maître-autel est richement sculpté ; le retable, composé d'ogives avec pignons qui encadrent huit reliquaires, est terminé, à chaque extrémité, par une pyramide à jour. Au centre, le tabernacle est dominé par un dais orné, destiné à l'exposition du Saint-Sacrement, donné par Mgr Blanquart de Bailleul, quatre-vingt-dix-huitième archevêque de Rouen.

Les fenêtres sont géminées ; l'édifice en compte vingt sur chaque face ; cinq pour le sanctuaire, qui ont 10 mètres de hauteur ; deux roses au-sus des petits autels et une grande rose au portail. Ces quarante-huit ouvertures sont toutes garnies de vitraux peints, sortant de la fabrique de Choisy-le-Roi, près Paris.

DÉCORATIONS MURALES. — En entrant dans cette église, les yeux sont éblouis de la magnificence des peintures murales qui s'y trouvent. Partout, depuis le socle des piliers jusqu'à l'arcature des voûtes, elles étalent les couleurs héraldiques les plus éclatantes. Les colonnes, les chapiteaux et les galeries supérieures sont couverts de fleurons et de feuilles. Toutes les nervures sont habilement rehaussées d'or ou d'argent par la main d'un ouvrier désintéressé, dont le seul plaisir a été de travailler à la nouvelle arche sainte. Cet ouvrier, qui est à la fois un homme de goût et un véritable artiste, déposait chaque jour, avant de monter sur l'échafaudage, la robe de prêtre, car il s'appelle M. l'abbé Héliot, curé-doyen de Saint-Pierre-de-Carville (Darnétal).

Placées sous un jour dont les verrières modèrent la clarté, ces décorations polychromes prêtent au monument un aspect tout-à-fait prestigieux. Ces voûtes bleu d'azur parsemées d'étoiles d'or, ces piliers sur lesquels resplendisssent des arabesques, des entrelacs, des fleurons de mille couleurs, ces anges aux blanches ailes, à la physionomie si belle, si virginale, déployant dans leur vol des légendes laudatives, tout cela forme un merveilleux ensemble qui fournit un pieux aliment à la pensée et présente un caractère essentiellement mystique. Le demi-jour ménagé par les nuances splendides des vitraux qui marient leurs reflets aux peintures de la nef, convient parfaitement à ce palais terrestre de la Reine des cieux. Il favorise le recueillement et la fervente prière du pèlerin solitaire venu pour implorer le tout-puissant secours de Marie ou lui rendre grâce de quelque vœu exaucé. L'histoire des miraculeux bienfaits de Notre-Dame-de-Bonsecours est là, écrite en lettres d'or sur un livre de marbre blanc dont les feuillets ornent les murs de son temple vénéré.

Vitraux. — Les vitraux sont tous l'objet de donations faites généreusement par des personnes inspirées d'une pieuse et sainte pensée. Le savant abbé M. Arthur Martin a bien voulu s'associer à l'œuvre sainte de l'édification du temple de Notre-Dame-de-Bonsecours en dessinant lui-même les sujets et l'ornementation si variée des vingt fenêtres des sous-ailes et de la belle rose du portail.

Bas-coté septentrional. — En suivant le bas-côté septentrional, celui où se trouve la chapelle des vœux ou de la Sainte-Vierge, on peut remarquer que les neuf fenêtres qui éclairent ce côté de l'église contiennent chacune huit médaillons à sujets, dont l'ensemble offre la suite de l'Histoire Sainte, depuis la création du monde jusqu'à l'Assomption de la Sainte-Vierge.

1re fenêtre. Sur la 1re fenêtre, du côté de l'orgue, dans la travée destinée aux fonds baptismaux, et qui a été donnée par le frère Philippe, supérieur général des frères des écoles chrétiennes, on voit les allégories du sacrement de baptême : 1° l'arche de Noé voguant sur les eaux ; 2° le passage de la mer Rouge ; 3° l'ange exterminateur; 4° le baptême de J.-C.; 5° le fils de Dieu instruisant Nicodème de la nécessité du baptême ; 6° J.-C. envoyant les apôtres baptiser les nations ; 7º saint Philippe baptisant l'eunuque de la reine de Candace ; 8º le baptême des juifs convertis par J.-C.

La 2ᵉ fenêtre, donnée par M. et Mᵐᵉ Ribard, de Rouen, représente : 1º la création des astres ; 2º la création des anges ; 3º la création du premier homme ; 4º Ève formée de l'une des côtes d'Adam ; 5º Dieu indiquant à Adam l'arbre de la science du bien et du mal ; 6º tentation de la femme par le serpent ; 7º Dieu reproche à Adam et à Ève leur désobéissance ; 8º ils sont chassés du paradis terrestre.

La 3ᵉ fenêtre, donnée par M. le vicomte et Mᵐᵉ la vicomtesse Dambray, contient : 1º la pénitence d'Adam et Ève ; 2º le sacrifice de Caïn et d'Abel ; 3º le meurtre d'Abel ; 4º la construction de l'arche par Noë ; 5º le déluge ; 6º Noë sorti de l'arche offre un sacrifice au Seigneur ; 7º le sommeil de Noë et l'impudeur de Cham ; 8º les descendants de Noë bâtissent la tour de Babel. — Armoiries des donateurs.

La 4ᵉ fenêtre, donnée par Mᵐᵉ Vᵉ Hébert, de Rouen, représente : 1º la vocation d'Abraham ; 2º bénédiction d'Abraham par Melchisédech ; 3º Loth fuyant Sodome en proie aux flammes du ciel ; 4º Agar et Ismaël dans le désert ; 5º le sacrifice d'Abraham ; 6º Eliézer et Rébecca ; 7º Esaü vendant à son frère son droit d'aînesse ; 8º Isaac bénissant Jacob par méprise.

La 5e fenêtre, due à la générosité de Mme la duchesse de Fitz-James, représente : 1o Jacob gardant les troupeaux de son oncle Laban ; 2o la réconciliation de Jacob avec Esaü ; 3o les songes de Joseph ; 4o Joseph descendu par ses frères dans une citerne ; 5o les frères de Joseph présentant une robe teinte de sang à Jacob, leur père ; 6o Joseph vendu par ses frères ; 7o Joseph et l'épouse de Putiphar ; 8o Joseph, considéré comme adultère, est mis en prison. — Armoiries de la donatrice.

La 6e fenêtre, donation de M. le comte et Mme la comtesse de Biencourt, offre : 1o Joseph devenu ministre de Pharaon; il est reconnu par ses frères ; 2o Ephraïm et Manassé, enfants de Joseph, bénis par leur aïeul Jacob ; 3o Aaron et Moïse demandant la liberté des Israélites ; 4o avant de sortir d'Egypte, les Israélites mangent l'agneau pascal ; 5o passage de la mer Rouge ; 6o les Egyptiens sont engloutis dans les eaux ; 7o la manne du désert ; 8o Moïse frappe le rocher d'où l'eau jaillit en abondance. — Armoiries des donateurs.

Sur la 7e fenêtre, donnée par M. le comte et Mme la comtesse de la Châtre, née de Montmorency, on voit : 1o Aaron et Hur soutenant les bras fatigués de Moïse qui prie sur la montagne pour obtenir de Dieu la victoire de son peuple sur les Amalécites ; 2o Moïse, à l'aspect du veau d'or, brise les tables de la loi ; 3° Aaron et ses enfants brûlent l'encens devant l'arche d'alliance ; 4° supplice d'un homme accusé d'avoir ramassé du bois le jour du Sabbat; 5° les envoyés de Moïse rapportent des fruits de la terre de Chanaan ; 6° le serpent d'airain ; 7° passage du Jourdain ; 8° le soleil arrêté par Josué. — Armoiries des donateurs.

La 8e fenêtre, don de Mme la baronne de Sepmanville, d'Evreux, offre : 1° la naissance de la Sainte-Vierge ; 2° son éducation par sainte Anne ; 3° la présentation au temple ; 4° son mariage avec saint Joseph ; 5° l'annonciation ; 6° sa visite à sa cousine Elisabeth ; 7° naissance de J.-C.; 8° la purification. — Armoiries de la donatrice.

La 9e fenêtre, donnée par un anonyme, offre : 1° la fuite en Egypte ; 2° intérieur de la sainte famille ; 3° miracle des noces de Cana ; 4° la Sainte-Vierge auprès de la croix de son fils expirant ; 5° la mère du Sauveur prend possession du corps de son fils détaché de la croix : 6° le Saint-Esprit descend sur les apôtres le jour de la Pentecôte ; 7° mort de la Sainte-Vierge ; 8° son assomption.

BAS-COTÉ MÉRIDIONAL. — Les médaillons des fenêtres de ce côté offrent les principales phases de la vie de J.-C., depuis sa naissance jusqu'à son ascension glorieuse.

La 1ʳᵉ fenêtre, don de M. et Mᵐᵉ Henry Barbet représente : 1º J.-C. adoré par les bergers à sa naissance ; 2º l'adoration des mages ; 3º le songe de saint Joseph, où un ange l'avertit d'emmener en Egypte l'enfant Jésus pour le soustraire à la barbarie d'Hérode ; 4º le massacre des Innocents ; 5º J.-C. au milieu des docteurs ; 6º la vie de J.-C. dans la maison de Nazareth ; 7º la prédication de saint Jean-Baptiste ; 8º Jésus dans le désert tenté par le démon.

La 2ᵉ fenêtre, donnée par M. l'abbé Mac-Cartan, curé de Saint-Ouen, de Rouen, offre : 1º Pierre et André appelés à l'apostolat ; 2º Jésus chassant les vendeurs du temple ; 3º saint Jean-Baptiste reprochant à Hérode et à Hérodiade leur conduite criminelle ; 4º l'emprisonnement de saint Jean-Baptiste ; 5º Hérode, séduit par la danse de la fille d'Hérodiade, accorde à celle-ci la mort du saint précurseur ; 6º la décollation de saint Jean-Baptiste ; 7º Jésus et la Samaritaine ; 8º Jésus guérissant un possédé.—Armoiries du donateur.

La 3ᵉ fenêtre, offerte par M. Vᵒʳ Grandin, d'Elbeuf, offre : 1º Jésus apaisant les vents déchaînés sur le lac de Génézareth ; 2º saint Matthieu se vouant à l'apostolat ; 3º N.-S. et le convoi funèbre d'un jeune homme de Naïm ; 4º Jésus le rend à la vie ; 5º la multiplication des pains ; 6º une femme malade recouvrant subitement la santé en touchant la robe du Sauveur; 7º Pierre marchant sur les eaux; 8º saint Pierre établi chef de l'église reçoit les clefs du ciel.

La 4e fenêtre, don fait par M. Mouchet, ancien maire de Darnétal, représente : 1º J.-C. ressuscitant la fille de Jaïr; 2º la transfiguration; 3º le Pharisien et le Publicain dans le temple de Jérusalem ; 4º l'entrée de J.-C. dans Capharnaüm ; 5º Jésus le bon pasteur ; 6º l'Enfant prodigue quittant le toit paternel ; 7º le même gardant les pourceaux ; 8º le retour de l'Enfant prodigue repentant : son père, en réjouissance, fait tuer le veau gras.

La 5e fenêtre, offerte par M. Blanquart de la Motte, vicaire général de Rouen, représente : 1º des voleurs dépouillant un homme et le laissant à demi-mort sur la route ; 2º un prêtre et un lévite le voient en cet état sans songer à lui donner aucun soulagement ; 3º le bon Samaritain verse sur les plaies du blessé de l'huile et du vin, il le panse avec soin ; 4º le même le place sur son cheval et le mène à l'hôtellerie ; 5º Lazare à la porte du mauvais riche ; 6º celui-ci faisant bonne chère ; 7º Lazare, après sa mort, est porté par les anges dans le sein d'Abraham ; 8º l'enfer est le châtiment du mauvais riche.

La 6e fenêtre, donnée par Mme la marquise de Mortemart, née de Montmorency, représente : 1º J.-C. bénissant les petits enfants ; 2º Marthe et Marie se plaignant à Jésus de la mort de leur frère Lazare ; 3º résurrection de Lazare ; 4º Zachée monte sur un sycomore pour voir passer J.-C.; 5º la Madeleine essuie de ses cheveux les pieds du Sauveur ; 6º entrée de J.-C. dans Jérusalem ; 7º les vierges sages avec leurs lampes allumées vont au-devant de l'Epoux ; 8º les vierges folles, dont les lampes sont éteintes, arrivent trop tard à la salle des noces, dont elles trouvent les portes fermées.

La 7ᵉ fenêtre, offerte par M. l'abbé Picard, chanoine et archiprêtre de la métropole de Rouen, offre : 1º J.-C. célébrant la dernière Cène au milieu de ses apôtres ; 2º après le repas, il leur lave les pieds ; 3º J.-C. au jardin des Oliviers ; 4º le baiser de Judas ; 5º J.-C. recevant un soufflet ; 6º J.-C. renié par saint Pierre ; 7º repentir de saint Pierre au moment du chant du coq ; 8º le suicide de Judas, qui se pend.

La 8ᵉ fenêtre, donnée par la fabrique de vitraux de Choisy-le-Roi, près Paris, offre : 1º J.-C. devant Hérode ; 2º la flagellation ; 3º Jésus couronné d'épines ; 4º *Ecce homo ;* 5º la résurrection du Sauveur ; 6º Jonas sortant du sein de la baleine le 3ᵉ jour ; 7º la pêche miraculeuse ; 8º ascension de N.-S. J-C.

La 9ᵉ fenêtre, donnée par M. Ricard, juge au tribunal de Beauvais, offre : 1º la piscine au bord de laquelle les malades attendaient que l'ange du Seigneur en eût troublé les eaux pour s'y laver et obtenir une guérison certaine ; 2º la Madeleine pleure ses péchés ; 3º repentir de saint Pierre ; 4º J.-C. promet à Pierre de lui remettre les clefs du royaume des cieux ; 5º les apôtres reçoivent le pouvoir de remettre ou de retenir les péchés ; 6º résurrection de Lazare ; 7º le bon Samaritain pansant les plaies du voyageur assassiné ; 8º la femme adultère.

Dans le bas de chacun des vitraux dont nous venons de donner la description, se trouve un tableau représentant une des stations du chemin de la croix, ayant son donateur particulier.

HAUTE-NEF (COTÉ NORD). — De ce côté sont placées les figures des apôtres et des évangélistes ; ces croisées offrent : 1re fenêtre (en partant du sanctuaire), donnée par M. Guillaume Chevallier, de Rouen, saint Pierre et saint Paul. — 2e fenêtre, donnée par les élèves du collège de Juilly : saint André et saint Jacques, fils de Zébédée. — 3e fenêtre, donnée par M. Paul Ansoult, de Darnétal : saint Jean et saint Thomas. — 4e fenêtre, offerte par Mlle de Widbien, de Rouen : saint Jacques, fils d'Alphée, et saint Philippe. — 5e fenêtre, due à la générosité de Mlle de Giverville, de Fécamp : saint Barthélemy et saint Matthieu. — 6e fenêtre, donateur M. l'abbé Mayeux, curé de Grenelle, près Paris : saint Thaddée et saint Simon. — 7e fenêtre, donnée par M. de

Sepmanville, d'Evreux : saint Marc et saint Matthieu, — 8e fenêtre, offrande de Mme Javouhey, supérieure générale de la congrégation de Saint-Joseph de Cluny et directrice de l'émancipation de Mana en faveur des nègres : saint Luc et saint Barnabé. — 9e fenêtre, donation de M. l'abbé Joliclerc, chef d'institution à Montrouge, près Paris : saint Lin et saint Anaclet, premiers successeurs des apôtres.

Haute-nef (coté sud). — Les figures des prophètes occupent les vitraux du côté méridional en partant du clocher, et offrent : 1re fenêtre, donnée par M. l'abbé Ch.-L., curé des environs de Paris : Elie et Malachie.— 2e fenêtre, donation de M. Moinet, notaire à Rouen : Zacharie et Aggée. — 3e fenêtre, offerte par M. l'abbé Vincent, ancien curé de Fécamp : Sophonie et Habacuc.— 4e fenêtre, donnée par M. Charles Busquet de Caumont : Nahum et Michée. — 5e fenêtre, due à la générosité de M. l'abbé Valée, ancien curé du Thil : Jonas et Abdias. — 6e fenêtre, offerte par les élèves du collége royal de Rouen : Amos et Joël.— 7e fenêtre, donnée par Mme veuve Bénard, de Darnétal : Ozée et Baruch.— 8e fenêtre, donnée par Mme veuve Lainé, d'Etoutteville : Daniel et Ezéchiel.— Enfin, la 9e fenêtre, donnée par M. l'abbé Tissot, aumônier de l'Hôtel-Dieu de Paris : Jérémie et Isaïe.

Rosaces.—L'église doit aussi à la générosité de M. Auguste Bourdon la belle rose du portail.

Celle qui surmonte le magnifique autel de la Sainte-Vierge, et qui représente son couronnement céleste, est une donation de M. et Mme Huet-Barochée, et celle de l'autel de saint Joseph a été offerte par M. l'abbé Cathelin.

Sanctuaire. — Cinq grandes fenêtres, géminées comme le sont celles que nous venons de décrire, éclairent le sanctuaire. Celle du fond, donation de M. le marquis de Belbeuf, représente l'arbre de Jessé et la généalogie de la Sainte-Vierge, dont on aperçoit la figure dans la rose qui la surmonte. Elle porte N -S. qui tient à la main le livre de vie. —Les deux verrières les plus rapprochées contiennent, à droite, les femmes du Nouveau Testament, dues à la générosité de M. le baron et de Mme la baronne Dupont-Delporte. — Les deux verrières à gauche, données par M. Le Bourgeois, maire de Bonsecours, représentent les femmes de l'Ancien Testament. — Les deux autres, plus éloignées, portent : celle de droite, offerte par Mgr le cardinal prince de Croy, les figures des anciens pontifes du diocèse de Rouen, et celle de gauche, donation de la famille Dutuit, de Rouen, présente des figures de prêtres, d'abbés et de laïques du même diocèse.

Le sanctuaire à cinq pans, élevé de trois marches au dessus du chœur, est orné de quinze ogives pratiquées dans le mur ; chacune d'elles est surmontée d'un pignon, et là surtout la peinture murale a produit des merveilles ; elle a cherché, avec le plus heureux succès, à rappeler ce qui se rapporte au sacrifice eucharistique. On remarque du côté de l'Épître, figurant l'ancienne loi, quatre ogives sous lesquelles le statuaire a représenté Abel, qui offrit le premier sacrifice ; Noë qui, après le déluge, dressa le premier autel ; Melchisédech, qui offrit le pain et le vin, symbole de l'Eucharistie ; enfin Abraham, qui offrit à Dieu son fils Isaac.

Du côté de l'Evangile, qui figure la loi nouvelle, on remarque les quatre grands docteurs de l'Eglise latine ; chacun d'eux tient une banderolle avec le texte d'une de ses pensées sur l'Eucharistie : saint Augustin, saint Ambroise, saint Jérôme et saint Grégoire. Ces statues ne furent placées qu'en 1856, lorsque les travaux du sanctuaire furent achevés. L'ogive du milieu est enrichie des figures de la Sainte-Vierge et de l'apôtre bien-aimé, assistant l'un et l'autre au sacrifice du calvaire. Les deux autres ogives contiennent sainte Marie-Madeleine et saint François-d'Assise, comme deux insignes amants de la croix. Dans les trois ogives du fond, on a représenté les divers symboles eucharistiques.

Le chœur, composé de trois travées, est entouré d'une magnifique grille gothique.

COLONNES DE LA NEF. — Les vingt colonnes sveltes et gracieuses qui supportent la nef sont aussi l'objet de donations faites par des personnes appartenant presque toutes à la noblesse, ce qui explique les riches armoiries que la peinture murale a pris soin de faire briller au-dessous du chapiteau ; les donateurs sont : M. Forbin-Janson, évêque de Nancy ; M. Gignoux, évêque de Beauvais ; M. de la Bouillerie, ancien évêque de Carcassonne ; M. Dupanloup, évêque d'Orléans ; M. Grésil, curé de Saint-Maclou de Rouen ; M. Vallée, curé de Sainte-Madeleine de Rouen ; M. Dumesnil, curé de Saint-Vincent de Rouen ; M. Lefebvre, doyen de Darnétal ; M. Lecœur, chanoine de Rouen ; M. Beuzelin, curé de la Madeleine de Paris ; M. Souquet de Latour, curé de Saint-Thomas-d'Aquin de Paris ; M. de Dreux-Brézé, évêque de Moulins ; M. l'abbé Richomme ; M. le comte et Mme la comtesse de Brissac ; Mme Clotilde de Brissac, baronne Van de Werde de Schilde, d'Anvers ; Mme la marquise de Mortemart ; Mme Edouard Labrière, de Rouen ; M. Law de Lauriston, ancien receveur général de Cahors ; M. Haulon, de Rouen ; M. Delamare-Deboutteville, de Rouen, et MM. H.... frères, de Rouen.

CHAIRE. — Ce joli monument, dont l'inauguration a eu lieu le dimanche 20 octobre 1861, est construit et décoré dans le style du xiii⁰ siècle. Les statues sur lesquelles il semble s'appuyer, et qui sont dues, ainsi que les figurines et les bas-reliefs, au ciseau de M. Fulconis, auteur de la statue du tombeau du cardinal de Croï, dans la cathédrale de Rouen, ces statues, disons-nous, représentent quatre illustres docteurs de la foi : saint Irénée, venu dans les Gaules vers l'an 177, élu évêque de Lyon, et martyrisé en 202 ; saint Thomas d'Aquin, dominicain, né en 1227 et mort en 1274; saint Bernard, fondateur de l'ordre des Bernardins, mort en 1153 ; saint Hilaire, né au commencement du iv⁰ siècle, mort en 367. Sur trois des panneaux formant le devant de la tribune, M. Fulconis a sculpté : à gauche, J.-C. au milieu des docteurs ; au centre, le Christ donnant à ses apôtres la mission d'aller par toute la terre prêcher le christianisme ; et à droite, la pêche miraculeuse. La composition architecturale de cette chaire magnifique est due aux inspirations de plusieurs hommes éminents, en tête desquels figure M. Barthélemy père, architecte de l'église. L'auteur de toute la partie décorative est M. Lavoie, de Paris. Enfin, la menuiserie a été faite, aussi à Paris, dans les ateliers de M. Kryenbielt, l'un des plus habiles menuisiers de la France.

Les différentes vues fort bien lithographiées de la nouvelle église de Bonsecours se trouvent dans un ouvrage in-4º publié en 1847 par M. l'abbé Godefroy ; ce sont : 1º vue du grand portail et de la façade de l'église ; 2º le tympan et les voussures du grand portail ; 3º la vue perspective de l'intérieur ; 4º élévation latérale, et 5º élévation du chœur et des sacristies, vue prise derrière l'église.

Nous ne terminerons pas cette histoire sans dire que M. l'abbé Godefroy, curé de Notre-Dame-de-Bonsecours, déjà chevalier de l'ordre impérial de la Légion-d'Honneur, a été promu par Mgr Blanquart de Bailleul, archevêque de Rouen, au titre de chanoine de l'église métropolitaine, en récompense du zèle persévérant et du saint dévoûment qu'il a déployés pour l'édification de ce beau monument, qui fait la gloire du pays et qu'il laissera à la postérité comme la preuve irrécusable d'un nouveau miracle opéré par la toute-puissante Notre-Dame-de-Bonsecours.

FIN.

Rouen, Typ. Giroux et Renaux, rue de l'Hôpital, 25.

www.ingramcontent.com/pod-product-compliance
Lightning Source LLC
LaVergne TN
LVHW020053090426
835510LV00040B/1678